Pia Laurell

# Lufta

Nittio verser

*Poesi kan behaga*
*som en bit konfekt*
*får sakta smälta*
*för bästa effekt*

Förlag: BoD – Books on Demand, Stockholm, Sverige
Tryck: BoD – Books on Demand, Norderstedt, Tyskland

ISBN: 978-91-7969-562-0

## Chansen

Under en livstid
den enda
har vi chansen
att världen blända

Under en liten tid
de unga åren
präntas
de bestående spåren

## Ur led

Tankar maler
orden hoppar
världen är
ur led

svårt att fatta
det besatta
vi behöver
balans och fred

virus som
en farlig smitta
pandemi det
stora hotet

många tror
men ingen vet
om det finns bot
på detta klotet

jordens skogar
brinner
miljö och människa
är viktigt

isar smälter
havet stiger
jag undrar
är apatin
på riktigt?

## Sudoku

Lösa sudoku är som själva livet
det ska ses från flera håll
då finns chans att lösa det
och få en bättre koll

## Makthavare

Många makthavare agerar
som om de hade evigt liv

men de bidrar till effekten
att utrota mänskligheten

## De största

De små människorna
i mitt liv
är de största
i mitt hjärta

## Motvikt

När vardagen tar över
med all plikten
är det glädjen vi ska söka
för bästa motvikten

## För sent

Det jag en gång
ville och önskade
fanns
nästan gripbart
en dörr öppnades
det drog kallt
ljuset blåstes ut
det var allt

# Livets flöde

Är det slumpen
som avgör våra liv

kanske det vi spår i sumpen
är våra drivande motiv

eller är det livets egen färd
som avgör våra öden

vad vet okunnig eller lärd
om livets alla flöden

## Ångest

Inom oss finns barriärer
mot känslor och minnen
obearbetat tar de plats
där ångesten fyller våra sinnen
likt maskrosor genom asfalt

## Saknad

En känsla av saknad
det är tidens språng
som växer med åren
på längtans gång

då barnen var små
och alla fina minnen
aldrig jag åren återfå
men fångar dem
i mina sinnen

## Vemodets källa

Mina tankar är fångade
i vemodets källa
gungar på vågor
men når inte land

färdas med rytmen
fram och åter
når inte stranden
med min utsträckta hand

## En ros

En vacker ros jag fått
den har en sällsam charm
dess doft har mystik och djup
och färgen är blodröd varm
den ger mig stimulans
och andlig näring
sakta lyfter den fram
en själslig återbäring

## Äventyret lockar

Lockande toner hörs från en fiol
jag följer musiken som i trans
dansar barfota i min tunna kjol
tills jag mister all vett och sans

I lummig grönska jag får en skymt
han sitter i porlande bäcken
kan det bli ljuvligt eller blir det grymt
att förföras av den spelande Näcken

## Jättehjälten

Det är blicken
och leendet
orden och skeendet
omtänksamheten
och respekten
middagarna och tvätten
du ger mig med hjärtat
du är jättehjälten

du är kärleken

## Vägskäl

Det visar sig med tiden
var just de vägskäl fanns
där jag gjorde mina val i tvivel
och fick eller missade min chans

## Lufta

Såsom i ett instängt rum
där luften inte strömmar
behöver jag också öppna
och lufta
mina tankar och drömmar

## Dyra individer

Ser de vackra löven
gyllengula och röda
som sakta till marken dalar
för att jorden återgöda

Tänker på de äldre
som av livet lärde
och av allt i vår natur
som har ett ekologiskt värde

Så ses ändå de gamla mest
som dyra individer
som får sin pension
och torftiga lunchmåltider

Trots decennier av slit
med inbetald skatt
har de inte längre ett värde
i en politisk debatt

## Det är stort

Det är stort att vara kvinna
det är stort att vara glad
behöver inget vinna
för att nå en högre grad

Det är stort att vara frisk
det är stort att ha en man
behöver inte önska mer
när kärleken känns sann

## Känna

Att ta hand om mina känslor
bearbeta och analysera
leva ut och riktigt känna
det ger livet så mycket mera

### Såsom löven

Såsom löven
sakta faller
ner på frostig jord
ska också jag
en dag förenas
med naturen
på vår Herres bord
och lämna
denna världen
lika ensam
som jag kom

## En annan arena

Jag ska resa till en annan arena
inte med någon jag reser allena

Alla minnen lämnar jag kvar
om mitt liv och den jag var

Och hoppas att mina kära
minnena med lätthet kan bära

## Alltid nära

Mina älskade, mina kära
alltid i mina tankar så nära
elden i hjärtat för er brinner
aldrig den falnar och försvinner

## Sinnelag

Mina minnen
är mitt jag
med kärleken
i mina tankar
det är
mitt hela sinnelag
mitt liv och
fasta ankar

## När julen nalkas

När julens dagar nalkas
tänds i mina sinnen en längtan
att låta själens låga svalkas
som bär den eviga förväntan

## Min trädgård

Det finns en liten trädgård
som jag kallar min
denna jag vårdar och ansar
här växer kärleken och empatin
och mina kära
jag med blommor bekransar

## Stjärneljus

Stjärneljus glimmar
ledsagar på dunkel väg
nya tankar föds

## De tänkta orden

Mina blickar
mina andetag
mina steg på
jorden
jag formar livet
utifrån de tänkta
orden

## Gåva

Det är en gåva att vara sårbar
låta känslorna bejaka livet
visa medkänsla och bjuda gensvar
annars tar bitterheten över drivet

## Tid och tystnad

Tid och tystnad i en egen rymd
som likt molnen glider fram
leva lite undanskymd
utan skuld och utan skam

## Ödehus

Som ett övergivet hus
öde och kallt
är ett bittert hjärta
i en stel gestalt

## Njugg

När man bygger sitt liv
av snålhetens och bitterhetens
stenar
är det mycket man själv
försakar och andra
förmenar

## Ansvar till ett barn

Relationen jag skapar
till ett barn
är mitt ansvar
med mina val
orden jag uttalar
känslorna jag ger
kan eka tillbaka
i åratal

## Rädsla

Att försöka
tysta en åsikt
för att den är
olik ens egen
kan leda till
allt från att
skrämma till tystnad
till att väcka en rebell
eller att starta ett krig

## Visa mig

Visa mig någon havens djupaste djup
visa mig någon universums ände
sedan ska jag färdas till livets slut
utan frågor och alla svaren
jag inte kände
alla böcker jag inte läst
alla platser jag aldrig sett
alla människor jag aldrig träffat
all kärlek jag aldrig gett
där min innersta önskan brände

## Poeter och prosaister

I en värld där orden
är alstrets fundament
formade av tankar och
lyriken ur livet
kan vi dela och mötas
ur våra olika livselement
från ett cyberbord
där gestaltningen är drivet

## Önsketänkande

Förväntar mig inte
mer av andra
än vad jag själv
är beredd att ge
men vill göra
för andra
lite mer än vad de
förväntar sig att se

## Latent

Gatan är rak och grå
minnena vilar tysta
tvärgatorna är trista och små
och aldrig solbelysta

## Olika buketter

I en sfär av olika ordbuketter
Haiku, fri vers och sonetter
ges en givande läsning i lyrikens timma
jag inspireras och försöker att rimma

Jag delar med mig mina ord ur livet
läser med nyfikenhet vad i kommentarer
står skrivet
tar del av texter som ger tankarna
näring
det är som en själens hungrande
förtäring

## Insikt

Viktigt förkunnat
har väckt känslor och tankar
alstrat klar insikt

## Draperat – en dröm om min pappa

Mitt inre är draperat
med vackra drömmar
silkesmjuka och av längtan täta
som återkommer
i intensiva strömmar
om en plats
som inte går att mäta

jag ville uppleva att mötas
att väcka mina sinnen
om den tid vi skulle ägt
med varandra
och kunna skapa
våra egna finaste minnen
i ett värld där
det inte fanns några andra

## Ett tungt ok

Ett tungt ok har vi fått att bära
av våra politiker likt en vanära
med etikett som sitter klistrad fast
som en i evigt skamfull last

Vi döms och beskylls att vara rasister
på grund av politikernas egna brister
ty de har misslyckats med ambitionen
att hantera den viktiga integrationen

Yttrandefriheten om personer
tillhörande främmande nationer
har lett till friktioner och skam
för alla som lever här kvinna som man

## Livsfaser

Förr
stor kapacitet
ont om tid
påtvingad effektivitet

Nu
gott om tid
liten kapacitet
fri individ

## Jämföras

Att jämföras med någon annan...
jag tar mig för pannan

utbrister i indignation –
en morbid aktion

alla har vi samma behov
rättrådig som bov

olika till form och kulör
gäller stark som skör

## Ansvar

Rättesnöret har brustit
hos gammal som ung
alla kör sin egen grej
alla är sin egen kung

Vem har det fulla ansvaret
när ledarskapet är nästan noll
hos chefer och pedagoger
där alla inte har en riktig koll

Och föräldrarnas ansvar
har kommit på skam
det får knappast nämnas
samhället har väl ett "krisprogram"

**Med tiden**

Tiden är ibland en vän att efterfråga
den kan läka och den kan gömma
den har en säregen förmåga
då den skeendena lätt kan glömma

## Reflexion

Morgonstund är egen tid
en stund att reflektera
det ger en sällsam sinnesfrid
att sitta och planera

## Den sänker mig

Ambivalensen
sänker mig
såsom vatten
sänker en gisten eka
jag stödjer mig
på ett tankstreck
och vilar sedan i
utsträckt lättja
tills allt faller på plats
och jag ånyo tar sats

## Välkommen

De kommer emot mig i entrén
kastar sig i min famn
som bästa mottagningskommittén
och ropar mitt namn...

...mormor

## Livets vingar

Barn har livets vingar
i lekarna de drömmer
alla hinder de betvingar
i sina väsen hemligheter gömmer

Barn ger livet vingar
med dem i lekarna jag drömmer
att jag mina hinder helt betvingar
och sorger och bekymmer glömmer

## Ögonens varma glans

Ögonens varma glans
tarvar lite gester

ord kan ge fin balans
som handlingen befäster

## Min håg är låg

Denna gråa kalla dag
så tung av regn och dystert sinne
små fåglar söker skydd från obehag
och jag funderar på ett sommarminne

Solen gömmer sig bakom högan sky
jag jagar mer av sommardrömmar
men dagen är grå och tung som bly
och det dröjer innan ljumma vindar
strömmar

## För egen del

Vi har alla svaret
vad är rätt och vad är fel
att våga vara ärlig
för sin egen del

## Bedrift

Vara ärlig i sitt hjärta
bejaka emotioner
beundra utan svärta
andras prestationer

**Ofrihet**

Ord, gester och tystnad som kränker
i öppna sår och av skuld som dränker
att i tvivel lämnas om vem man är
det hela den själsliga friheten beskär

## När livet vänder...eller någonting händer

Blir det i världen fler stora skogsbränder
Finns det fortfarande gränser mellan alla
länder
Lurar det fler kriminella i våra "gränder"
Vill vi fortfarande räcka varandra våra
händer
Får zebran annorlunda ränder
Kan vi ännu bada vid våra stränder
Är det fortfarande SMS vi sänder
Skapas det ännu fler samhällstrender
Behöver vi någonsin laga våra tänder
Simmar i dammarna färre änder
Undrar jag...

## Har du sett

ångestens ansikte
klumpen växer i halsen
ögonen vill tränga ut
paniken våldför sig
medan hjärtat bankar
döden hägrar och
ändå rädslan att dö
självföraktet växer
livet blir en trång cell
spegelbilden krossas
sliter i håret
tröttheten når fram
ångestens alla frön
är kvar...

## Känslor

Känslor hos introverta svåra att nå
Känslor hos extroverta mera utanpå
Känslor lätta eller tunga som bly
Känslor - de kan aldrig fly

## Kraften

*I coronavindens spår*

Livet böjer sig för vinden
dess kraft drar över världen
hotet är ovisst och mörkt
hittar vi de "vassa svärden"

Rädslan det stora drivet
spår liv som ymnigt rinner
hör vi allas rop på hjälp
på osäker mark i tid som brinner

Krisen väcker nya tankar
Nytt skapas som ska bli
Kreativiteten flödar
Framtidshoppet står oss bi

## Er tänkta dotter

Jag blir aldrig er tänkta dotter
har inga gener från era kroppar
i mitt blod finns andras drag
och krafter ni aldrig stoppar

Er vilja blir aldrig min
er väg tillbaka blir min väg fram
era åsikter blir aldrig mina
mina ansåg ni vara skam

## Tiden utan namn

En ständig strid i hemmets zon med
attacker som är frekventa

känslor begravs levande och ironi och
kränkningar vrider integriteten ur led

skammen bränner som hett vatten i
ansiktet medan skuldkänslor tynger

själen blöder, och självkänslan rinner ut

vuxen försök till reparation...

## Från förr i tiden

Jag är från förr i tiden
med ting som nu är retrofynd
den gamla individen
som upplevt pop och ungdomssynd

Ett 60-tal med mods och sunar
Beatlesfrisyr och raggarbil
långt innan Carola och Runar
mobiltelefon och datafil

Barnbarnens frågor ibland
om hur det var i skolan förr
från dåtiden finns ej mycket kvar
vi kom från en annan dörr

## Utan hinder

Lyfta sinnena
till en högre nivå
se livet och världen
lite från ovan

hämta energin
ur möjligheterna
det kärleksfulla
som gynnar våra liv

att lämna tron
att lyckan beror
på någon annan
kan öppna en dörr

## Göra det jag vill

Göra det jag vill
och tänka på eget bästa
kan vara styrkan som behövs
för att finnas för min nästa
ingen måste tycka som jag
eller bemötas med despotism
ty det skulle tydligt visa
vad som är verklig egoism

## Fängelse

Ett begränsande
fängelse
är det vi själva
skapar oss

## Om natten

Natten har tagit på sig för trånga skor
kvider är rastlös och väsnas
väcker mig och är tråkig och stor
jag får alls ingen nattlig ro

drar mig ur sängen för att dricka vatten
sitter en stund och glor
så lugnar sig natten och tar av sina skor
och vi somnar tillsammans där
drömmarna bor

## Havet

En dag blev jag väckt av havet
i all dess storslagenhet
det ständiga vågsvallet mot land
ingav tankar om evinnerlighet

ljudet av vågornas lugna rytm
stilla rullande fram och åter
gav  sinnet ett sällsamt lugn
och jag älskar hur havet låter

## Tanken

Det är tanken
som räknas
men vem
noterar min
tanke
om den inte
leder till
handling
den är allt...
och
intentionen
dess frö

## Motiv

Kan motivet
till våra avsikter
och handlingar
vara endast två

den ena av kärlek
den andra av rädsla
som vi har
att välja på

## Livlös

Hjärnan är rastlös
men kroppen vill vila

ser allting suddigt
ser inte det futila

passionen att ständigt söka
för ett stimulerande värv

det är tomt det bara ekar
finns ingen livaktig nerv

## Tid och otid

Snart är jag inte

mest tid av att ha varit
och mindre av ska vara

som med minnen
och visioner

nuet är kroniskt

**Av naturen givet**

Allt är
av naturen givet
vem är frisk
och vem får livet
det som skapas
och det som är
finns i vår egen sfär
det otroliga
det unika
motsatser är
det som berika

## Disharmoni

Det är en dag för livets fula tankar
tänker på den andra som jag klagar på
hon som jag inte vill ha nära mig
men som är så märkbart trist och grå

hon vill teckna och skriva poesi
jag vill hellre prata och bjuda gäster
att strunta i frisyren typiskt henne
då jag vill dansa på fina fester

ser henne ibland genom spegelglaset
men hon är oftast tjurig och arg
vi kommer sällan överens vi två
jag vill ha sällskap men
hon är en ensamvarg

## Svävande

Svävar mellan visshet och tvivel
fotfästet når inte balans
jobbar med känslor som sviker
och fantasi som inte lämnar en chans

Kanske ska jag släppa alla krav
och istället söka meningsfullt värv
satsa på bättre inriktat fokus
med självständig drivfjäder och nerv

## Vad ger kicken

Det är lätt att gå vilse i detta land
i brist på själslig ledning och näring
med alla materiella influenser
som inte ger rätt återbäring

var finns själen, känslorna
varför kan de inte visa vägen
det tycks inte vara modernt
kanske gör de någon förlägen

vad är då viktigt, vad är sant
när åsikterna är flera
det finns ingen botten, ingen kant
mest osäkerhet för hur man bör agera

det som ter sig viktigast är
hur allt uppfattas med blicken
och den fina ytan
som ska ge själva kicken

utan etikett, utan normer
tror man sig vara fri
men var finns den röda tråden
och var är rättesnöret att hålla i

...om ingen bor i mitt hus förfaller det

## Utan kostym

I möteslokalen
var hon enda kvinnan
för några anonym

hon lyssnade till
vad som sades
de i mörk kostym

hennes repliker
och frågor
tycktes ingen höra

till hennes argument
var det ingen
som lånade sitt öra

## Essensen

Livet har silat minnena
till en smakrik essens
såväl bitter som god

Tänker ofta på ungdomens
konsekvens
saknades förstånd,
erfarenhet och mod?

## Strävan

En stund kan jag vänta
sedan avdunstar kraften
fångas av vinden
och löses upp
aldrig förkroppsligad igen
en annan dimension
söker plats
kanske en dag når jag
den nivån av stillhet

## Tiden vi har kvar

Alla mina sinnen
gjuts in i tiden
vi har kvar

Alla mina ord av kärlek
fångas upp av ljudvågor
till ditt hjärta

All min ömhet
blir som solens värme
i din famn

Så att nuet blir allt

**Oförställd**

En oansenlig ört
bland rosors törnen
försvinnande liten
svårt att bli sedd

med tunna rötter
tillräckligt djupt
njuter av solen
i myllans bädd

av egen kraft
vilande i sig själv
utan någon hjälp
av att vara förklädd

## Signal

Litar på min känsla
då hjärtat ger signal
vad som blir det bästa
när jag står inför ett val

## Vågstycke

Står bakom en ridå
vågar inte möta publiken
vill inte utsätta mig
för den nedslående kritiken

...eller för att kanske lyckas

## Stunder

Stunden är
stunden var
minnen är det
som stannar kvar

Stunder kommer
stunder går
det vi gör
är det vi får

## Pärlor

De är som
fina små pärlor
i ett etui
som påminner
om allt
av glädjen där uti
det är
tacksamheten
jag känner
att inte ta
något för givet
av det vardagliga
och enkla
som fungerar
i livet

## En dåres perspektiv

Det finns människor
för vars misstag
det alltid finns en ursäkt
medan det för andras
anses vara ett misstag
bara att finnas till

## En dag

En av många
det gäller att fånga

att fylla med tankar
går här och vankar

kan avgöranden besluta
på framtiden skjuta

som samvetet fyller
och egot beskyller

en ständig kamp
om ett avstamp

få nå'nting gjort
av allt det jag bort

aftonen nalkas
tankarna svalkas

vill huvudet vila
från allt det subtila

dagen blir historia
aldrig med gloria


kudden min vän
längtar till den

sömn ger dispens
en ny dag, en ny chans

## Skygglappar

Man kan vara blind
för det uppenbara

och ändå tro sig se
det som inte finns

## Pianokonsert

Instrumentet får liv
av hans tio små fingrar
de rör sig mjukt
som änglars vingar

toner lyfter
ger skön atmosfär
de finner vägen
som till mitt hjärta bär

tonerna lägger sig
som tårar på min kind
den finaste stund
från musikens vind
given av mitt barnbarn

### Evinnerligt

Mot en solig, klar himmel

försvinner blicken

upp i det eviga blå

utan att möta

något slut

precis som

att försöka se

bortom horisonten

bortom det levande

eller vår morgondag

så blåser vinden i träden

som den alltid gjort och

månen lyser i natten

och allt det universella är

medan vi, av olika art,

återskapar oss själva

evinnerligen

## Enriktat

Allt är en rörelse
en förflyttning
en förändring
en försvinnande tillvaro
mot ett tillstånd
av varaktighet